CATALOGUE

D'UNE BELLE COLLECTION

DE VIGNETTES

DES XVIIIe ET XIXe SIÈCLES

ESTAMPES

DE L'ÉCOLE FRANÇAISE DU XVIIIe SIÈCLE

DESSINS ET LIVRES

Dont la vente aux enchères publiques aura lieu

HOTEL DES COMMISSAIRES-PRISEURS, RUE DROUOT, N° 9

SALLE N° 4

Les Vendredi 16 et Samedi 17 Janvier 1885

À UNE HEURE ET DEMIE

———

Me MAURICE DELESTRE

COMMISSAIRE-PRISEUR

Rue Drouot, n° 27

M. CLÉMENT

MARCHAND D'ESTAMPES

DE LA BIBLIOTHÈQUE NATIONALE

Rue des Saints-Pères, n° 3

—

PARIS — 1885

CATALOGUE

D'UNE BELLE COLLECTION

DE VIGNETTES

DES XVIIIe ET XIXe SIÈCLES

ESTAMPES

DE L'ÉCOLE FRANÇAISE DU XVIIIe SIÈCLE

DESSINS ET LIVRES

Dont la vente aux enchères publiques aura lieu

HOTEL DES COMMISSAIRES-PRISEURS, RUE DROUOT, N°. 9

SALLE N°. 4

Les Vendredi 16 et Samedi 17 Janvier 1885

A UNE HEURE ET DEMIE

<table>
<tr><td>Me MAURICE DELESTRE
COMMISSAIRE-PRISEUR
Rue Drouot, n° 27.</td><td>M. CLEMENT
MARCHAND D'ESTAMPES
DE LA BIBLIOTHÈQUE NATIONALE
Rue des Saints-Pères, n° 3.</td></tr>
</table>

—

PARIS — 1885

CONDITIONS DE LA VENTE

La vente se fera au comptant.

Les acquéreurs payeront *cinq pour cent* en sus des enchères, applicables aux frais.

L'expert chargé de la vente se réserve la faculté de rassembler ou de diviser les lots.

ORDRE DES VACATIONS

DÉSIGNATION

DESSINS

ANONYME

1 — Le Sultan Selim, 13e empereur de Turquie, en pied, miniature sur vélin.

BAUDET-BAUDERVAL

2 — Suite de trente dessins in-8, non gravés, pour illustration des œuvres de Destouches. Au lavis d'encre de Chine, les deux premiers, représentant le portrait de Destouches, sont rehaussés d'aquarelle.

CHAUVET (J.)

3 — Quatre dessins in-12, pour *Le Sopha* de Crebillon. Édition de 1749. A la plume et lavis de bistre.

4 — Deux cent quarante-six dessins originaux pour la traduction d'Horace par M. le comte Siméon. A la plume et lavis d'encre de Chine.

CHODOWIECKI

5 — Suite de trente composition in-8, pour illustration de *Clarisse Harlowe*. Très beaux dessins à la plume et lavis d'encre de chine.

TARDIEU

6 — *Suite de portraits d'hommes de lettres, politiques et personnages de familles royales. Quatre-vingt-trois dessins au lavis de bistre, sur vélin.*

8 — Sous ce numéro il sera vendu par lots un grand nombre de dessins anciens et dessins modernes, par Eugène Delacroix, Fromentin, L. Cognet, Th. Rousseau, Tesson, etc. (Voir le nnméro 532.)

ESTAMPES ET VIGNETTES

ABERLI (J.-L.)

8 — Costumes et vues de Suisse. Trente-cinq pièces en couleurs. Très belles épreuves.

ALEXANDRE f. aq. forti

9 — Suite de vingt vignettes in-18 pour *la Jérusalem délivrée.* Suite double avant la lettre et eaux-fortes. Très belles épreuves tirées sur papier de format in-8.

ALIX (P.-M.)

10 — *Berthier* (Le général), d'après Le Gros, in-fol. en couleur. Très belle épreuve.

11 — S. A. I. le Prince Eugène Napoléon, in-fol. en couleur. Très belle épreuve, marge.

12 — *Rousseau* (J.-J.), d'après Garneray, in-fol. en couleur. Belle épreuve.

AMAND-DURAND.

13 — Héliogravures, d'après les maîtres anciens, dix pièces.

ANONYMES

14 — Suite de cinq vignettes et un fleuron sur le titre, pour : le *Roué vertueux*, Poëme par *Coqueby de Chaussepierre.* Belles épreuves. Rare.

15 — Vingt-six vignettes in-8 pour les *Aventures de Télémaque.* Belles épreuves.

ANONYMES

16 — Fête du 14 Juillet, an IX, aux Champs Élysées. Rare.

17 — Les Nouvellistes, pièce gravée à l'eau-forte. Belle épreuve.

ARAGO (J.).

18 — Série de lithographies pour le *Voyage autour du monde* de Dumont-d'Urville, vingt-sept pièces.

AVELINE (P.)

19 — Vénus à sa toilette. Belle épreuve avec marge.

BARBIER (d'après)

20 — La Jolie baigneuse sortant du bain, par Copia. Belle épreuve.

BARON (B.)

21 — Le comte de Pembroke et sa famille, d'après Van-Dyck. Bonne épreuve.

BASSET (chez)

22 — Mlle de La Tour, — comtesse de Cagliostro, — Mme Mella de Courville. Trois portraits in-4, pour le *Procès du collier.* Trois belles épreuves, un est en couleur.

BAUDOUIN (d'après)

23 — Les amours champêtres, par P. P. Choffard. Belle épreuve, marge.

BAUDOUIN et MOITTE (d'après)

24 — Le Jaloux endormi, — Les Amours champêtres. Deux pièces gravées par Choffard et Vidal.

BELLA (Stephanus della)

25 — La Place Dauphine et le Pont-Neuf. Deux pièces. Belles épreuves, avant l'inscription dans le haut.

BERGNY (A Paris chez)

26 — Premier rendez-vous de Charlotte et de Werther, en couleur. Très belle épreuve, marge.

BIDA (d'après)

27 — Collection de dessins de M. Bida et portrait d'Alfred de Musset, d'après Landelle, pour les œuvres d'Alfred de Musset. Vingt-neuf pièces.

28 — Collection de dix-sept dessins de M. Bida, gravés en taille-douce, pour complément de l'édition des œuvres d'Alfred de Musset. Huit exemplaires.

BLIGNY (A Paris chez)

29 — *Dubarry* (la comtesse), in-4. Belle épreuve.

BOETZEL

30 — Album Boetzel, le Salon de 1870. Cinquante gravures sur bois avec texte.

BOILLY (d'après L.)

31 — Iʳᵉ scène de voleurs, — IIᵉ scène de voleurs. Deux pièces faisant pendants gravées en couleurs par Gror. Belles épreuves, marges.

BONNARD

32 — Suite de vingt-six vignettes in-8. Dont un portrait pour illustration des *Aventures de Télémaque*. Trois exemplaires.

BONNET (L.)

33 — La Bonne Ruse, en couleur. Très belle épreuve.

34 — Le Bon logis, d'après Le Clerc en couleur. Très belle épreuve. Toutes marges.

35 — Bacchanales, d'après Caresme. Deux pièces en couleurs faisant pendants.

36 — Le Déjeuné, en couleur. Superbe épreuve, marge.

37 — Le Déjeuné, d'après Huet, en couleur. Belle épreuve.

BONNET (L.)

38 — Ragot montrant le tableau, en couleur. Belle épreuve.

39 — Vénus donnant ses ordres à l'Amour. — Les Amours rendant hommage à Vénus. Deux pièces en couleur faisant pendants, d'après Huet. Belles épreuves.

BOREL (d'après)

40 — La Circassienne à l'encan, par Léveillé, en couleur. Très belle épreuve.

BOSSE (A.)

41 — Diverses figures à l'eau-forte de petits Amours. Anges vollants et enfants, propres à mettre sur frontons et autres lieux, vingt pièces.

BOUCHER (d'après)

42 — Vue des environs de Beauvais, — Seconde vue de Beauvais. Deux pièces gravées par J.-Ph. le Bas. Très belles épreuves, grandes marges.

43 — Frontispice du tome II des œuvres de Favart, par Le Bas, in-8. Belle épreuve.

44 — Suite de trente-trois gravures in-4, gravées par Laurent Cars, et un portrait d'après Coypel, gravé par Lépicié, pour les œuvres de Molière.

45 — Sept gravures in-4 par L. Cars, pour les œuvres de Molière. Très belles épreuves, graudes marges.

BOUNIEU (d'après)

46 — L'Espoir d'un heureux jour, gravé en couleur par Marin et Bonnet. Superbe épreuve, grandes marges.

BOUQUET

47 — Portraits de personnages italiens, d'après Janron, trente-cinq pièces.

BOVINET

48 — Foyer du théâtre Montansier, d'après Binet, in-8.

BOYVIN, BOUCHER ET RANSON

49 — Deux vases sur une même feuille. — Sujet de la Toison d'or. — Livre de vases, cadres. Douze pièces.

LE BRETON (chez)

50 — Le Matin. — Le Soir. Deux pièces en couleur. Belles épreuves.

BROOKSHAW (R.)

51 — Louis XVI. — Marie-Antoinette. Deux portraits in-fol. en matière noire, faisant pendants. Belles épreuves.

BUNBURY ET WOODWARD

52 — Caricatures sur le sport, vingt-trois pièces en couleurs. Très rares.

CALLOT (J.)

53 — Combat de Veillane. Belle épreuve.

CANALETTI (Ant.)

54 — Vues de Venise et des environs, dix-sept pièces. Très belles épreuves du 1er état, avant les numéros.

CARESME (d'après)

55 — Les Amants satisfaits, gravé en couleurs par Phelipeau. Belle épreuve.

CATHELIN

56 — Dagay (François-Marie Bruno, Comte), intendant de Picardie, d'après Chevalier, in-fol. Belle épreuve.

CERONI

57 — Portraits de femmes célèbres du siècle de Louis XV. Seize pièces. Très belles épreuves avant la lettre, sur chine.

CHALLE (d'après)

58 — Les Cerises, par Augustin Le Grand, en couleur.

CHATAIGNIER (chez)

59 — La Mère à la mode. — La mère telle que toutes devraient être. Belle épreuve, marge.

CHAPUY

60 — *Henri IV*, roi de France. — Maximilien de Béthune, duc de *Sulli*. Deux portraits in-4 en couleurs faisant pendants, d'après Brion de la Tour. Très belles épreuves.

CHAUDET PERRIN et PEYRON

61 — Suite de douze gravures in-4 dont un portrait, gravés par Tardieu, Née, Pauquet, Patas, etc., pour les œuvres de Montesquieu. Très belles épreuves.

CHAUVET

62 — Suite complète de cent-soixante-neuf figures en tête de pages pour illustrés la traduction d'Horace par M. le comte Siméon. Tirage hors texte. Trois exemplaires sur chine volant; sept exemplaires sur hollande.

CHEVAUX (d'après)

63 — Les deux amies, gravé en couleur par Mote. Très belle épreuve. Rare.

CHODOWIECKI et GEYSER

64 — *Goethe*, quatre portraits différents, in-8. Belles épreuves.

COCHIN (d'après C.-N.)

65 — Frontispice de l'*Encyclopédie* par B.-L. Prevost. Très belle épreuve.

COLIN fecit NANCII

66 — Stanislas premier, roi de Pologne, Duc de Lorraine et de Bar, in-4 en pied. Superbe épreuve avec marge. Rare.

COLIN (d'après)

67 — Trois vignettes in-8 sur chine avant la lettre et deux portraits pour *Elisabeth* de Mme Cottin.

COLIBERT

68 — Jeux d'enfants. Deux pièces en couleur faisant pendants. Belles épreuves.

COQUERET

69 — Le Combat de chiens, en couleur. Belle épreuve.

COYPEL (d'après Ch.)

70 — L'Amour de ville, ou l'amour coquet, par Lépicié. Belle épreuve, marge.

71 — Vingt-cinq vignettes gravées par B. Audran, pour le *Daphnis et Chloé* du Régent. Très belles épreuves.

72 — Histoire de Don Quichotte. Vingt-cinq pièces. Belles épreuves.

COOPER (R.)

73 — Lady Gertrude Villiers, in-8. Belle épreuve, marge.

CREPY (chez)

74 — Philis surprise au bain, — L'Enfance, — Le Jeu de Cache-cache-mi-tou-la, — Les Amants surpris, — Les Lorgneurs amoureux, — L'Amant pressé, etc. Dix pièces pour dessus de tabatières, Très belles épreuves, marges.

DAULLÉ (J.)

75 — Monsieur de *Nestier*, écuyer ordinaire de la grande écurie du roy, d'après Delarue. In-fol. Très belle épreuve, marge.

76 — Le même portrait, de format plus petit. Belle épreuve. marge.

77 — *Rousseau* (J.-B.), d'après Aved. In-fol. Bonne épreuve remontée.

DEBUCOURT (P.-L.)

78 — Modes et manières du jour. Huit pièces en couleurs. Très belles épreuves.

DEBUCOURT (P.-L.)

79 — Les Barrières de Paris. Cinq pièces en couleurs. Très belles épreuves,

80 — L'Hiver. En couleur. Belle épreuve, marge.

81 — Militaires écossais, — Le Cosaque galant. Deux pièces gravées en couleur, d'après Vernet. Belles épreuves.

DELACROIX (Eugène)

82 — Nègre à cheval, — Lion couché. Deux pièces. Belles épreuves.

DEMARNE, DUTERTRE, Mlle GÉRARD, MONSIAU MONNET ET MARILLIER

83 — Suite complète de 27 gravures in-8 avant la lettre, pour *Faublas*, de J.-B. Louvet. Trois gravures existent avec des différences : la première est gravée deux fois, l'une d'après Mlle Gérard, par Saint-Aubin; l'autre par Letellier, d'après Quéverdo. La deuxième, ayant pour légende : *Grand merci Justine...* Dans l'une, Justine se couvre le visage de sa main, tandis que dans l'autre, elle ne se couvre que l'œil. Dans la troisième, il y a quelques différences de travaux dans la planche. Superbes épreuves à toutes marges. En tout trente pièces.

DEMARTEAU

84 — Vénus et l'Amour. Deux compositions différentes en couleur, d'après Boucher et Le Barbier. Belles épreuves.

DENON

85 — Portrait d'une jeune femme en buste, gravé à l'eau-forte. In-8. Très belle épreuve.

DESCOURTES (Ch.)

86 — Vue du port Saint-Paul prise du bas du parapet, d'après de Machy. En couleur. Belle épreuve.

DESENNE (d'après)

87 — Suite de six vignettes et un portrait in-8, pour les œuvres de Boileau. Paris, Furne. 1827. Très belles épreuves avant la lettre, sur chine.

88 — La même suite. Très belles épreuves avant la lettre, sur chine, manque le chant 4.

89 — Vignettes in-18 pour une édition des contes de La Fontaine. Quarante-six pièces.

90 — Suite de treize vignettes, in-8, par divers graveurs, pour les œuvres de Regnard. Paris, Dufart, 1828. Très belles épreuves avant la lettre.

91 — Trente-neuf gravures in-8 pour les œuvres de Walter Scott, éditées par Ch. Gosselin. Très belles épreuves avant la lettre, sur chine, de format in-fol.

92 — Quarante pièces de la même suite. Rares épreuves à l'état d'eau-forte, sur chine.

DESENNE, EUGÈNE LAMI, JOHANNOT (d'après)

93 — Vignettes et cartes pour les œuvres de Walter Scott, publiées par Ch. Gosselin. Cent trente-quatre pièces.

DESENNE, GÉRARD ET COLIN (d'après)

94 — Onze gravures et deux portraits in-8 pour les œuvres de Ducis. Deux exemplaires sur chine, en partie avant la lettre.

95 — Vignettes in-8 pour *Hamlet* ; — Ducis au lit de mort de son ami Thomas, et vignettes diverses. Seize pièces, dont plusieurs avant la lettre et une à l'eau-forte.

DESENNE ET MONSIAU

96 — Neuf gravures in-8, par divers graveurs, pour les œuvres de Delille. Très belles épreuves avant la lettre, sur chine

DESRAIS (d'après)

97 — Les Cerises d'amour, — Le Sabot cassé. Deux pièces. Belles épreuves, coloriées.

98 — Le Double engagement, — La Triple ivresse. Deux pièces faisant pendants. Très belles épreuves, toutes marges.

DESENNE et Mme FAUCHERY

99 — Vignettes in-8, et fleurons pour *Paul et Virginie* et *la Chaumière indienne*. Cinq pièces. Très belles épreuves avant la lettre, sur chine.

DEVERIA (d'après)

100 — Suite de vingt-huit portraits in-8, en pied, des grands auteurs classiques. Très belles épreuves avant la lettre, sur chine, toutes marges.

101 — Un Portrait et cinq gravures avant la lettre, pour *Don Quichotte*. Épreuves avec grandes marges.

102 — Suite de douze gravures in-8, pour les œuvres de Rabelais, édition Dalibon. Belles épreuves, sur chine.

103 — Suite complète de quarante-deux gravures in-8, par divers graveurs, dont deux portraits : J.-J. et Mme de Warens, pour l'édition Dalibon. Superbes épreuves avant la lettre, sur chine.

104 — Suite de soixante-quatre vignettes in-8, par divers graveurs, pour la sainte Bible. Édition de Lefèvre. 1828-34. Très belles épreuves avant la lettre.

105 — La même suite. Très rares épreuves à l'état d'eau-forte, manque neuf pièces pour que la suite soit complète.

106 — Collection de vingt-cinq portraits des personnages les plus célèbres du siècle de Louis XIV, avec une notice sur chacun.... pour faire suite à toutes les éditions des lettres de Mme de Sévigné. 1 vol. in-8, broché.

107 — Aristophane, portrait in-8, gravé par Couché fils. Cent exemplaires.

DEVERIA et JOHANNOT

108 — Suite de quinze pièces et frontispice in-8, gravés sur bois, pour les œuvres de Boileau. Très belles épreuves, coloriées.

DIEN

109 — Que j'aime ce fruit, — Je t'en ferai goûter. Deux pièces d'après Touzé et Le Roy. Belles épreuves en couleur.

DIVERS

110 — Suite complète de trente-six vignettes et portraits in-8, pour l'*Histoire universelle* du comte de Ségur. Deux exemplaires.

111 — Vingt cartes pour le même ouvrage. Neuf exemplaires.

112 — Belle réunion de gravures et portraits pour les *Saisons* de Saint-Lambert. Cent-neuf pièces.

113 — Trente-trois figures in-8, d'après divers maîtres, pour la Sainte Bible, édition de Furne. Très belles épreuves.

114 — Soixante et onze planches, vignettes, gravures, culs-de lampe, entête, frontispices, etc., pour illustrer les fables de La Fontaine, édition de Armand Aubrée, 1839. Très belles épreuves. Beaucoup sont avant la lettre.

115 — Cent vingt-quatre gravures de forme ronde formant une collection intitulée : La Galerie historique ou Tableaux des Événements de la Révolution française.

116 — Vignettes et portraits pour l'*Histoire de France, depuis les temps les plus reculés jusqu'en* 1789; par Henri Martin. Quarante pièces in-8. Très belles épreuves.

117 — Suite de vingt-huit planches, par divers artistes. Origines nationales, pouvant entrer dans les deux volumes de l'*Histoire de France* de Henri Martin. Deux exemplaires.

118 — Vignettes pour Walter Scott et pour les œuvres de Voltaire. Trente-cinq pièces.

DIVERS

119 — Gravures au trait pour illustrer *Faust* et Shakspeare. Trente-six pièces.

120 — Suite de trente-huit vignettes et plans, d'après différents maîtres, pour la sainte Bible, publiée par Furne. Très belles épreuves.

121 — Trente et une pièces de la même suite. Très belles épreuves.

122 — Suite de quarante-huit vignettes et portraits, pour l'*Histoire romaine et du Bas-Empire*, publiées par Furne. Deux exemplaires.

123 — Vignettes d'après Moreau, Gravelot, Lebarbier et autres, pour divers ouvrages. Trente et une pièces, dont plusieurs avant la lettre.

124 — Fleurons et vignettes pour Molière, l'*Origine des Grâces*, Regnard, etc. Seize pièces.

125 — Pierres gravées antiques. Soixante-dix-sept pièces.

126 — Portraits, vues de villes, vignettes, etc. Deux cent trente-trois pièces.

127 — Portraits, vignettes, vues, etc., des XVIIIe et XIXe siècle. Cent soixante-trois pièces, dont beaucoup sont avant la lettre.

128 — Vignettes, portraits et vues. Cent trois pièces.

129 — Vignettes, vues de Paris et autres. Quarante-deux pièces.

130 — Portraits des rois de France. Cinquante pièces.

131 — Un portefeuille renfermant environ deux cents vignettes in-8, publiées par Furne, pour différents ouvrages.

132 — Cinq portraits différents de Gresset, par Saint-Aubin, Bonvoisin, Roger et Tardieu. Belles épreuves.

133 — Montesquieu, — Comtesse de La Fayette, — L. Racine, — Gosseaume, — Regnard, — Delille, — Amyot, — Jean Denis Lempereur, — Slodtz, — Coustou, etc. Dix-sept portraits par Littret, Fessard, Cathelin, Ficquet Wierix, L. Cars et autres. Belles épreuves.

DIVERS

134 — Joliot de Crébillon. Quinze portraits différents par Du-hamel, Delvaux, Ingouf, Hopwood, Massard, Moitte, etc. Plusieurs sont avant la lettre.

135 — Trente-cinq vignettes d'après Moreau, Eisen, Gravelot, Monnet et autres pour les œuvres de Voltaire, l'*Histoire de France* du président Hénault, etc. Belles épreuves, en grande partie avant la lettre.

136 — Portraits de Marmontel, Molière, Corneille, Montaigne, portraits divers et vignettes pour illustration des *Girondins*. Vingt-cinq pièces.

137 — Sous ce numéro, il sera vendu par lots un grand nombre de vignettes, portraits et gravures du XVIIIe siècle.

DREVET (P.)

138 — *Rohan* (Armand, Gaston de), cardinal, d'après Rigaud, in-fol. Deux très belles épreuves, dont une avant les vers sur la tablette, remargées.

DUGOURE

139 — Buckingham, — Marie de Rohan, — Marion de Lorme, — Ninon de Lenclos, — Le comte de Chalais, — le comte de Gramont, — Marie de Gonzague, — Cinq-Mars. Huit portraits in-8. Belles épreuves.

DUPIN

140 — *Dorat*, poète célèbre, in-8. Superbe épreuve avant le numéro, grande marge.

141 — Le même portrait. Très belle épreuve du même état.

DUPLESSIS-BERTAUX

142 — Entrée de S. M. Louis XVIII à Paris. Très belle épreuve à l'état d'eau-forte.

143 — Revue passée dans la cour des Tuileries, d'après Swebach. Épreuve à l'état d'eau-forte.

DUPLESSIS-BERTAUX

144 — Distribution des récompenses dans la cour des Tuileries. Très rare épreuve à l'état d'eau forte.

145 — Encadrement pour un programme de concert, d'après Godefroy. Très belle épreuve.

DUPLESSIS-BERTAUX (d'après)

146 — Fanfan et Colas, par Helman. Très belle épreuve, marge.

147 — Impromptu du chevalier de Boufflers à l'occasion de la fête d'un Nicolas, par Bertaux. Belle épreuve, marge.

148 — L'instant de la gaieté. — La Réflexion tardive. — La chambrière instruite. — La perte irréparable. Suite de quatre pièces. Très belles épreuves coloriées.

149 — Maurice, comte de *Bruhl*, in-fol. en pied, gravé par Audouard. Belle épreuve.

DU SART (CORNEILLE)

150 — Les Héros de la Ligue ou procession monacale. Suite de vingt-cinq pièces in-8 en manière noire. Très belles épreuves.

EARLOM (R.)

151 — Suzanne et les vieillards, d'après Rembrandt. Bonne épreuve.

ÉCOLE FRANÇAISE DU XVIIIᵉ SIÈCLE

152 — Vue d'un chateau d'Angleterre avec personnages sur le devant. Épreuve avant toutes lettres, non terminée.

153 — Femme couchée sur un sopha, endormie. Épreuve avant la lettre.

154 — Berceau de Paul et Virginie. — Les premiers pas de Paul et Virginie. — Caffe Beslaget. — le Charbonnier, — l'Amant Multier, — Les enfants du roi de Sardaigne. Six pièces par Debucourt, Maradan et Drouais. Belles épreuves.

155 — Adresses, ex-libris, vues de Paris, estampes par Debucourt, Boucher, etc.; trente-trois pièces.

ÉCOLE FRANÇAISE DU XVIII⁰ SIÈCLE

156 — Exemple d'humanité, — Fête champêtre, — Fêtes vé-
nitiennes, etc., cinq pièces. Bonnes épreuves.

157 — Caricatures parisiennes. — Promenade du Palais-Royal,
— L'incroyable à cheval, etc., neuf pièces.

158 — Prise de la Bastille, — C'est ainsi que l'on punit les
traitres. Deux pièces coloriées. Rares.

159 — Trait de l'histoire de France du 21 au 25 Juin 1791, ou
la Métamorphose. Très belle épreuve, marge.

160 — Pas de deux entre un jacobin et un feuillant, petite pièce
ovale en travers. Belle épreuve, marge.

161 — Pièces relatives à l'époque révolutionnaire, — Bal paré
à Versailles. Vignette pour Homère, etc., six pièces.

162 — Suite de sept estampes représentant des assemblées des
francs-maçons, pour la réception des maîtres et des ap-
prentis. Très belles épreuves. Rares.

163 — Costume Parisien, suite de costumes de femmes représentant les mois de l'année, 1818, en couleur. Belles
épreuves.

164 — Les Saisons, suite de quatre pièces en couleur. Belles
épreuves.

165 — Sous ce numéro, il sera vendu, par lots, un portefeuille
d'estampes de toutes les écoles.

EDELINCK (Gerard)

166 — *Le Tellier* (Charles Maurice), archevêque de Reims,
d'après Mignard. — *Fléchier* (Esprit), d'après Rigaud.
Deux portraits in-fol. et in-4. Belles épreuves.

EDELINCK, SCHUPPEN et LUBIN

167 — Portraits tirés des *Hommes illustres* de Perrault, vingt-
quatre pièces.

EDELINCK (N.)

168 — *Sévigné* (Marie de Rabutin Chantal, Marquise de), d'après Nanteuil, superbe et très rare épreuve avant le trait d'union entre Rabutin et Chantal. Marge.

EDELINCK (N.) ET DE ROCHEFORT

169 — *Malebranche* (Nicolas), prêtre de l'oratoire.) Deux portraits in-4. Belles épreuves.

EISEN (d'après Ch.)

170 — Quatorze vignettes in-8 pour les contes de Lafontaine. Édition dite des fermiers généraux. (Refusées). Très belles épreuves toutes marges.

171 — Douze pièces doubles des précédentes. Très belles épreuves, toutes marges.

172 — Quarante-trois vignettes in-8 et un portrait pour les contes de Lafontaine. Épreuves remontées.

173 — Vingt et une vignettes in-8 par divers graveurs pour les contes de Lafontaine. Très belles épreuves, remontées.

174 — Fleurons et vignettes pour les œuvres de Baculard d'Arnaud et autres, vingt-trois pièces.

EISEN ET WILLE (d'après)

175 — Six vignettes in-8 par De Longueil, pour les *Sens* de Du Rosoy, 1766. Belles épreuves.

ÉVENTAILS (Pièces en forme d')

176 — Le Jeu des quatre coins, — Pastorale. Deux pièces coloriées.

177 — Sujet de l'Histoire romaine, gravé à l'eau-forte. Belle épreuve.

178 — Achille recevant les ordres de son père, — Départ des Samenites pour aller combattre les Romains. Deux pièces dont une coloriée.

FESSART (Ét.)

179 — *Dorat.* Petit buste au milieu d'attributs divers, grand in-8, d'après Hoin. Superbe épreuve, grande marge.

180 — *Duchatelet* (Mme), in-8. Belle épreuve, remargée.

FICQUET (Étienne)

181 — *Corneille* (Pierre), d'après Le Brun, in-8. Très belle épreuve.

182 — *La Fontaine* (J. de), de l'Académie française, d'après Rigaud, in-8. Très belle épreuve, dite au ruisseau blanc.

183 — *Montaigne* (Michel de), d'après Dumonstier. Superbe et très rare épreuve avant la lettre.
Le même portrait. Belle épreuve.

184 — *Rousseau* (J.-J.), d'après de La Tour. Superbe et très rare épreuve avant la lettre, marge.

185 — *Saugrain,* libraire, in-8. Très belle épreuve, grande marge.

186 — *Voltaire,* d'après de La Tour, in-8. Très belle épreuve.

FICQUET, SAVART et DEMARCENAY

187 — *Rousseau* (J.-B.), Corneille, — Fénelon, — Le maréchal de Villars, etc., six portraits in-8 et in-4. Belles épreuves.

FOKKE (S.)

188 — Représentation de la cérémonie du mariage de S. A. S. Mgr le prince de Nassau avec S. A. S. Mme la princesse Caroline d'Orange Nassau, le 5 mars 1760, dans l'église cathédrale de la Haye, d'après Hoog. Très belle épreuve, marge.

FOULQUIER

189 — Suite de quatre vignettes in-18 pour *Paul et Virginie.* 2 exemplaires sur chine.

190 — Suite de vingt eaux-fortes et un portrait pour les œuvres de Boileau. Superbes épreuves avant la lettre, tirage hors texte sur chine. 5 exemplaires.

FOULQUIER

191 — Suite de 24 gravures, en-tête in-4 et portrait pour les œuvres poétiques de Boileau. Superbes épreuves avant la lettre sur chine volant.

192 — Suite de sept eaux-fortes et portrait pour les *Oraisons funèbres* de Bossuet. Superbes épreuves avant la lettre, tirage hors texte sur chine. 4 exemplaires.

193 — Suite de quatre eaux-fortes et un portrait pour les *Discours sur l'Histoire universelle* de Bossuet. Superbes épreuves avant la lettre, tirage hors texte sur chine.

194 — Suite de quatorze eaux-fortes pour les *Aventures de Télémaque*. Superbes épreuves avant la lettre, tirage hors texte sur chine. Quatre exemplaires.

195 — Suite de quatre eaux-fortes in-4 pour les *Discours sur l'Histoire universelle* de Bossuet. Superbes épreuves avant la lettre, sur chine volant.

196 — Suite de vingt-six eaux-fortes, dont un portrait pour les œuvres de Corneille. Superbes épreuves avant la lettre, tirage hors texte sur chine. Quatre exemplaires.

197 — Suite de quatorze eaux-fortes, dont un frontispice pour Télémaque. Superbes épreuves, tirage hors texte sur chine volant. 4 exemplaires.

198 — Suite de cinquante eaux-fortes et un portrait pour les fables de La Fontaine. Superbes épreuves avant la lettre, tirage hors texte sur chine. Quatre exemplaires.

199 — Suite de cinquante eaux-fortes dont un portrait pour les œuvres de Molière. Superbes épreuves avant la lettre, tirage hors texte sur chine, quelques exemplaires.

200 — La même suite. Superbes épreuves avant la lettre sur papier du Japon portant le n° 52.

201 — Suite de dix-sept eaux-fortes et un portrait pour les *Lettres choisies* de Mme de Sévigné, publiées par Mame et fils, 1871, grand in-8. Superbes épreuves avant la lettre, tirage hors texte sur chine volant. Quatre exemplaires dont un de format in-4.

FOULQUIER

202 — Portrait de Pascal en pied. Très belle épreuve avant la lettre sur chine. Cinq exemplaires.

FRAGONARD (d'après)

203 — Annete à l'âge de quinze ans, — Annete à l'âge de vingt ans. Deux pièces faisant pendants, gravées par Godefroy. Belles épreuves.

204 — Ma chemise brûle!... par Aug. Le Grand. Très belle épreuve.

205 — La Fontaine d'amour, par N. F. Regnault. Superbe épreuve avant la lettre, en couleur.

206 — Le Serment d'amour, par J. Mathieu. Belle épreuve.

FREUDEBERG (d'après)

207 — Recueil de soixante-quatorze vignettes in-8 et titres pour l'*Heptameron de la reine de Navarre*. Superbes épreuves avant les numéros, grandes marges. Les numéros 2, 35, 22 bis, 25, 30, 43, 46, 49 bis, 50, 61 sont avec les numéros imprimés et remargées, plusieurs pièces sont doubles en premier état et avec retouche au crayon, par l'artiste, un vol. in-4, demi-rel. mar. r.

GAUCHER (Ch.-Ét.)

208 — *De la Borde* (Jean-Benjamin), auteur des *Chansons* d'après Du Rameau, in-12. Très belle épreuve.

209 — *Corneille* (Pierre), d'après Le Brun, in-8. Très belle épreuve, marge.

210 — *Cervantès* (M. de), d'après Queverdo, in-8. Épreuve avant la lettre, marge.

211 — Racine, de l'Académie française, d'après Santerre, in-8. Très belle épreuve, marge.

GAUTIER (Pierre)

212 — Adresse d'un Marchand, fabricant de porcelaines, à Rome. Rare.

GAUTIER (L.) ET LECLERC (S)

213 — Titres et vues de batailles pour la *Henriade* de Voltaire. Quatorze pièces.

GEFFROY (d'après)

214 — Suite de vingt portraits in-4, en pied, des principaux personnage des comédies de Molière, pour le *Molière* de Laplace, suite double; en noir et en couleur. Quarante pièces.

GÉRARD (H.)

215 — La Nourrice chérie, d'après Netscher, en couleur. Belle épreuve, marge.

GILLOT (d'après Cl.)

216 — Dessus de clavecin, gravé par Caylus et Crépy. Belle épreuve.

GILLOT (Claude)

217 — Nouveau recueil d'estampes faites, pour l'édition in-12, des fables de M. de la Motte, inventées et gravées par C. Gillot. Suites de cent seize pièces, titre et frontispice compris. Très belles épreuves avec grande marges, broché.

218 — La même suite, soixante-trois pièces en 1 vol. in-8, oblong, broché.

GIRARDET

219 — Le champ de Mai, 1814. Très belle épreuve avant la lettre, à l'état d'eau-forte, marge.

GOMBOUST (d'après J.)

220 — Plan de Paris en 1652. Exemplaire en feuilles, imprimé sur vélin.

GRATELOUP (S.)

221 — *Dryden* (J.). Rare épreuve avant la lettre.

222 — Le même portrait. Très belle épreuve.

223 — Napoléon. Petit portrait en médaillon. Deux épreuves.

GRAVELOT (d'après H.)

224 — Suite de soixante-six vignettes in-8, pour le *Boccace*, 1757. Très belles épreuves.

225 — Dix-neuf frontispices et un portrait pour les contes de Boccace. Très belles épreuves.

226 — Cent cinquante vignettes in-8 avant la lettre, pour les contes de Boccace.

227 — Quatre-vingt pièces avec la lettre pour le même ouvrage.

228 — Quinze vignettes in-8, de la suite dite complémentaire.

GREUZE (d'après J.-B.)

229 — La Cruche cassée, par Massard. Epreuve postérieure.

GUYOT

230 — Chemin-des pamplemousses, — Vue de l'île de l'Ambre. Deux médaillons en couleur sur une même feuille, d'après Dutailly. Belles épreuves, marges.

HAMILTON

231 — Les Patineurs, d'après Sandby. Belle épreuve avant la lettre, non terminée.

HARWEY (W.)

232 — Illustrations pour les œuvres de Shakspeare. Suite de quatre-vingts vignettes gravées par Geoffroy, Blanchard, Rouargue, Varin et autres. Grand in-8. Très belles épreuves sur chine.

HÉDOUIN

233 — Suite de sept vignettes in-18 pour *Paul et Virginie*. Epreuves avant la lettre, sur chine.

HEGI

234 — Encadrement pour un portrait, in-8 avant la lettre.

HILLEMACHER

235 — Suite de sept eaux-fortes pour le *Lutrin* de Boileau. Très belles épreuves avant la lettre, tirées sur grand papier.

236 — La même suite. Très belles épreuves avant la lettre, sur chine volant.

237 — Six figures in-8, pour Boileau. Epreuves tirées hors texte, sur chine.

238 — Suite de cent soixante-six eaux-fortes, dont un portrait pour les œuvres de Molière. Superbes épreuves avant la lettre, tirage hors texte, sur chine

239 — Suite de trente-trois portraits in-8 gravés à l'eau-forte, pour la Galerie historique des comédiens de Molière. Très belles épreuves.

HOFFMAN

240 — Costume d'un officier de ligne en 1793. En couleur. Rare.

HORTEMELS (M.)

241 — Plans, vues et usages de l'abbaye de Port-Royal des Champs. Quatorze pièces.

HUBERT

242 — *Fréron* (E.-C,), d'après Cochin. in-4. Superbe épreuve avant le numéro, grandes marges.

243 — Le même portrait. Très belle épreuve, même état.

ISABEY (d'après)

244 — Le Départ. — Le Retour. Deux pièces faisant pendants gravées en couleurs par Mansfeld. Belles épreuves.

JACQUE (Ch.) ET MARVY

245 — Cent treize pièces de leurs œuvres, gravées à l'eau-forte. Epreuves sur chine.

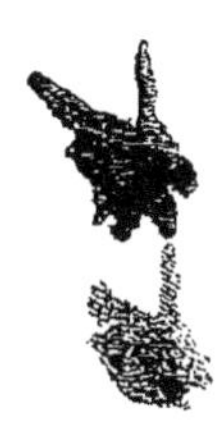

JANINET (F.)

246 — Le Jeune Vestale, d'après Lebarbier en couleur. Superbe épreuve avant toutes lettres, marges.

247 — Vénus aux colombes, d'après le Barbier en couleur. Superbe épreuve, toutes marges.

248 — Les Nourrices, d'après Boucher. Très belle épreuve, marge. *B.* 20.

249 — Mlle Saint-Huberti, représentée dans deux rôles différents, — Mlle Guimard, — Mlle Colombe, — Mlle Arnoult, cinq portraits in-8, en couleurs. Très belles épreuves.

250 — Restes du palais du pape Jules, d'après H. Robert. Deux épreuves imprimées avec différences dans les couleurs.

JANINET ET DE MACHY

251 — Scènes de l'histoire de France, d'après Sergent, en couleur, six pièces. Superbes épreuves, marges.

JAZET

252 — L'officier polonais chez un marchand de chevaux. Belle épreuve.

JEAN (chez)

253 — Cambacérès et Le Brun, — La princesse Joséphine, — La princesse Louise. Quatre costumes en couleurs, imprimées sur deux feuilles.

JEAURAT (d'après)

254 — L'Eplucheuse de salade, par Beauvarlet. Très belle épreuve, marge.

255 — Le carnaval des rues de Paris, par C. Le Vasseur. Belle épreuve.

JOHANNOT (T.)

256 — Vignettes in-8, pour les œuvres de F. Cooper, éditées par Furne.

257 — Douze gravures in-8 sur bois, pour le *Voyage sentimental*. Belles épreuves, sur chine.

JOHANNOT (T.).

258 — Trente vignettes, portraits et une carte de Paris à Jérusalem, pour les œuvres de Chateaubriand. Très belles
épreuves.

JOHANNOT, BELLANGÉ, ROQUEPLAN, etc.

259 — Vignettes in-8 à claire-voie, pour les chansons de Béranger, publiées par Perrotin. 76 pièces.

JOHANNOT ET DEVERIA

260 — Vignettes, in-8, et portraits de Beaumarchais pour
ses œuvres. Cinq pièces.

KIMELY

261 — Royal Mails starting from the Postoffice, — Stage-
coach. Deux pièces faisant pendants, d'après Jones. Très
belles épreuves.

KOBELL

262 — Paysages. Quatre pièces, dont une double à l'eau-forte
pure.

LAMI ET JOHANNOT

263 — Douze vignettes pour l'*Histoire des ducs de Bourgogne*.
Belles épreuves, sur chine.

LANGLOIS (P.-G.)

264 — *Voltaire* (F.-M. Arouet de), d'après de Latour, pour *la
Pucelle*, édition in-4 de Kehl. Très rare épreuve avant la
lettre, avec marge, plus une épreuve avec la lettre.

265 — *Voltaire* (F.-M. Arouet de), d'après de la Tour, in-8,
pour le Voltaire. Édition de Kehl. Superbe épreuve avant
la lettre, plus une épreuve avec la lettre, sur chine volant.

LANTARA (d'après)

266 — Vues et paysages des environs de Paris. Vingt-quatre
pièces sur huit feuilles, imprimées à la sanguine. Très
belles épreuves avec marges.

LASNE (Michel)

8 + 267 — *Larochefoucauld* (François, cardinal de), in-fol. Belle épreuve, remargée.

LAVREINCE (d'après)

268 — La Balançoire mistérieuse, par Vidal. Très belle épreuve avec la faute au mot gravé, écrit : gravée.

269 — Le Lever des ouvrières en modes, par L.-C., en couleur (E. B. 36). Superbe épreuve. Très rare.

LEBARBIER (d'après)

270 — Suite complète de quinze gravures in-8, et un portrait, pour le *Roman comique*, de Scarron. Superbes épreuves avant la lettre, avec grandes marges. Le portrait est avec la lettre.

271 — Suite complète de huit gravures in-18, pour les *Liaisons dangereuses*, de Choderlos de Laclos. Édition de Maradan en quatre volumes. Suite double, avant la lettre et eaux-fortes. Très belles épreuves, remontées.

272 — Bacchanale, gravée en couleur, par Demarteau. (626.) Très belle épreuve.

LE BEAU

273 — Conventions de Mariage, — Le Mari trompé. Deux pièces faisant pendants. Très belles épreuves, dont une avec grande marge.

274 — *Bossuet* (Jacques Benigne), d'après Desrais, in-4. Belle épreuve, marge.

275 — Charles-Emmanuel-Ferdinand Marie, prince de Piémont, in-8. Très belle épreuve.

276 — Marie-Jeanne-Louise de Savoie (Madame), in-8. Belle épreuve avant le numéro.

277 — *Pompadour* (la marquise de), d'après Queverdo. Très belle épreuve, remontée.

LE BLOND

278 — Portraits équestres des empereurs romains. Onze pièces.

LECLERC (S.)

279 — Soixante pièces de son œuvre, parmi lesquelles la suite
des Fables d'Ésope. 1 vol. in-8 oblong, cart.

LE CLERC (d'après)

280 — Costumes gravés par Gleich. Trois pièces, in-8. Très
belles épreuves, marges.

281 — L'Observatrice du boulevard de Coblentz, par Auvray.
Belle épreuve, marge.

LEFÈVRE (d'après)

282 — Suite de six figures in-18, pour *Zelomir*, par Morel de
Vindé. Superbes épreuves avant la lettre, grandes
marges.

283 — Suite complète de huit gravures in-18, pour l'*Histoire
de Manon Lescaut*, édition de Didot, 1797. Très belles
épreuves, toutes marges.

284 — La même suite. Épreuves avant la lettre de la réim-
pression faite par Leclerc.

285 — La même suite. Très belles épreuves avant la lettre,
sur chine volant.

286 — Suite de dix pièces in-18, pour illustration des *Voyages
de Gulliver*, de Swift, édition Didot, 1797. Superbes
épreuves avant la lettre, de format in-8.

287 — Huit pièces doubles de la même suite. Très belles
épreuves avant la lettre.

LEFÈVRE ᴇᴛ MONNET (d'après)

288 — Vignettes in-18 et in-8, pour *Manon Lescaut* et les contes de Voltaire. Huit pièces.

LE GRAND (L.)

289 — Io surprise par Jupiter, d'après Renou. Belle épreuve.

290 — *Dubarry* (la comtesse), in-8. Belle épreuve.

LÉLU (P.)

291 — Aux mânes de Mirabeau, mort le 2 avril 1791. Allégorie avec le portrait de Mirabeau au milieu du bas. Très belle épreuve, marge.

LE MIRE (N.)

292 — *Poullain de Saint-foy*, d'après Pougin de Saint-Aubin et Marillier. In-8. Très belle épreuve, toutes marges.

293 — Le même portrait. Très belle épreuve, même état.

LINGÉE (Mme)

294 — *Vilette* (Madame la Marquise de), surnommée belle et bonne par Voltaire, d'après Pujos. In-4; superbe épreuve avec marges.

LÉPICIÉ

295 — *Morlière* (Charles Richer de Roddes De la), d'après de la Tour. In-fol. Deux épreuves, dont une avant toutes lettres, remargées.

LÉPICIÉ et MONET (d'après)

296 — Figures in-4, pour l'histoire de France, vingt-sept pièces, avec le prospectus.

LE PRINCE (d'après)

297 — Les Bateaux russes. — Le Coche d'eau, deux pièces en bistre. Belles épreuves.

298 — Le Berceau. Très rare épreuve avant la lettre, à l'état d'eau-forte.

299 — Suite de dix gravures in-18 pour *la Henriade* de Voltaire, sept exemplaires avec la lettre et deux avant la lettre, tirés de format in-8.

LEROUX

300 — Regnard (J.-B), in-8. Deux très rares épreuves avant la lettre, dont une à l'eau-forte, marges.

LEU (Th. de)

301 — *Médicis* (Marie de), d'après Quesnel. In-8 belle épreuve.

LOPI (J.)

302 — Vingt figures et un portrait in-8, pour la *Jérusalem dé-livrée*. Belles épreuves.

MAISONNEUVE

303 — Les Adieux du Matelot. — Le Retour du Matelot. Deux pièces faisant pendants. Très belles épreuves, marges.

MALLET (d'après)

304 — Départ pour l'isle d'amour, — Retour de l'Isle d'amour. Deux pièces gravées en couleur par St-Val.

305 — La Nouvelle intéressante, en couleur par Mixelle. Belle épreuve.

306 — Les deux amies à l'Etude, en couleur par R. Girard.

307 — L'Amitié les ramène, — Un bon tiens vaut mieux que deux tu auras. Deux pièces gravées par Prud'hon fils et Augrand, une est en couleur.

MARCKL

308 — Suite de dix-huit vignettes in-8 pour les *Mille et une nuits*. Edition Pourrat. Très belles épreuves, sur chine.

MASQUELIER

309 — *De la Borde* (Jean-Benjamin), auteur des chansons, d'après Denon. Très belle épreuve, remontée.

MASSON (Ant.)

310 — *Lamoignon* (Nicolas de), maître des requêtes (R.-D., 39). Belle épreuve, remargée.

MARILLIER (d'après)

311 — En-tête de pages pour la fables de Dorat. Trois pièces avant la lettre, dont une à l'état d'eau-forte.

312 — Vignette-frontispice, gravé par De Launay, pour les fables de Dorat. Belle épreuve avant la leltre.

313 — Frontispices pour les œuvres de Dorat, Le Parnasse des Dames, etc., douze pièces. Très belles épreuves.

314 — Gravures in-8 pour la *Sainte Bible*, traduction de Le Maistre de Sacy, quarante-neuf pièces. Superbes et très rares épreuves à l'état d'eau-forte.

315 — Vignettes in-8 pour les *Contes de fées*, cinquante-sept pièces.

MARILLIER ET MONSIAU (d'après)

316 — Six gravures in-8 dont trois avant la lettre, pour la *Sainte Bible*. Belles épreuves, toutes marges.

317 — Deux gravures in-4 gravées par Patas, pour la *Pucelle*. Très belles épreuves avant la lettre, avec la bordure, marge.

MARILLIER, MOREAU ET MONNET (d'après)

318 — Deux vignettes et dix-neuf frontispices pour les œuvres de J.-J. Rousseau, édition Poinçot. Très belles épreuves.

VAN DER MEER (N.)

319 — Revue passée à Amsterdam. Belle épreuve.

MÉNARD ET DESENNE

320 — Portraits de personnages français célèbres, quatre-vingt-quatorze pièces in-8 sur chine. Très belles épreuves, toutes marges.

MERYAN ET CHATILLON

321 — Vues de villes et monuments de France. Trente-sept pièces.

MICHEL (J.-B.)

322 — *Preville* (Mademoiselle Angélique Drouin, femme du S^r), d'après Colson, in-fol. Très belle épreuve.

MONNET (d'après)

323 — Les Journées de la révolution, gravées par Helman, quatorze pièces.

324 — Assemblée Nationale, abandon des privilèges à Versailles, séance de la nuit du 4 au 5 août 1789. — Ouverture des états généraux à Versailles le 5 mai 1789. Deux pièces gravées par Helman. Belles épreuves.

MONNIER (H.)

325 — Suite complète de quarante gravures in-8 en couleur, pour les chansons de Béranger. Très belles épreuves, toutes marges.

MONSIAU (d'après)

326 — Vignette in-4, gravée par Pauquet, pour les œuvres de Rousseau, Livre VII, page 490. Superbe et très rare épreuve à l'état d'eau-forte, avec marge, plus une épreuve avec la lettre. Deux pièces.

327 — J.-J.-Rousseau à genoux aux pieds de Mme d'Houteto, par Choffard. Superbe épreuve avant la lettre, marge.

MORAINE (DE)

328 — Trente-deux vignettes et portraits pour les *Mémoires d'Outre-Tombe* de Chateaubriand. Deux exemplaires dont un incomplet d'une planche.

MOREAU (d'après)

329 — Suite de sept gravures in-8, dont un portrait, publiés par Renouard, pour *le Lutrin* de Boileau. Superbes épreuves avant la lettre tirées sur papier de format in-4.

330 — La même suite. Très belles épreuves avec la lettre.

MOREAU (d'après)

331 — Suite complète de vingt-six gravures in-8, d'après Moreau et Prud'hon, dont deux portraits gravés par Saint-Aubin, pour les œuvres de Corneille, édition Renouard, 1817. Superbes et très rares épreuves avant la lettre, de format in-4. Les deux portraits sont avec la lettre.

332 — Vingt-huit gravures in-8, dont deux portraits, pour les œuvres de Corneille, publiées par Renouard. Très belles épreuves, sur chine volant.

333 — Cinq gravures in-8, pour les œuvres de Crébillon, publiées par Renouard en 1818. Superbes épreuves avant la lettre, toutes marges.

334 — Suite complète de trente-six gravures in-8, par divers graveurs et un portrait gravé par Tardieu, pour les *Lettres à Émilie* de Demoustier. Superbes épreuves avant la lettre, grandes marges, le portrait est avec la lettre.

335 — Suite complète de neuf gravures in-8, dont un portrait gravé par Saint-Aubin, d'après Nattier, pour les œuvres de Gresset, publiées par Renouard, 1811. Superbes et très rares épreuves avant la lettre, avec grandes marges.

336 — Suite complète de huit gravures in-4, avant la lettre, pour *Psyché et Adonis* de La Fontaine, édition de Didot jeune, an III, plus un portrait de La Fontaine, d'après Rigaud, gravé par Audouin. En tout neuf pièces. Superbes épreuves, grandes marges.

337 — Six pièces doubles de la suite précédente. Très rares épreuves de premier état, avec les noms d'artistes à la pointe.

338 — Suite complète de trente et une gravures in-8, dont un portrait pour les œuvres de Molière, publiées par Renouard. Le sujet d'Amphitryon a été gravé deux fois : la première par Pigeot; la deuxième par Roger. Cette gravure de Pigeot est de toute rareté et se trouve jointe à la présente suite Superbes épreuves avant la lettre, à grandes marges.

MOREAU (d'après)

339 — La même suite. Trente pièces et le portrait. Très belles épreuves de premier tirage, grandes marges.

340 — La même suite. Superbes épreuves tirées de format grand in-4.

341 — La même suite. Très belles épreuves. remontées.

342 — Dix-neuf gravures in-8, dont un portrait, gravés par Delvaux, Croutelle, Simonet, Roger et autres, publiées par Renouard, pour les œuvres de Molière. Très belles épreuves avant la lettre; trois pièces sont doubles en états différents et trois pièces avec la lettre y sont ajoutées. En tout vingt-cinq pièces.

43 — Un portrait et trente-deux figures in-8 pour Molière, d'après l'édition de Bret, Épreuves remontées.

44 — Dix-sept figures in-8, pour l'*Histoire philosophique et politique des établissements et du commerce des Européens dans les deux Indes*, par Raynal. Très belles épreuves, toutes marges.

345 — Vignette in-4, pour *Émile*, par J.-J.-Rousseau, édition de 1774, tome 3, page 21. Très rare épreuve à l'état d'eau-forte.

346 — Neuf vignettes in-4, par divers graveurs, pour les œuvres de Rousseau, 1774. Très belles épreuves.

347 — Cent quatre-vingt-six vignettes in-8, pour les œuvres de Rousseau, édition Poinçot. Très belles épreuves, beaucoup sont doubles.

348 — Suite de six gravures in-8, pour *les Saisons*, de Saint-Lambert. Édition de 1775. Très rares épreuves avant la lettre.

349 — Deux pièces doubles de la suite précédente. Rares épreuves avant la lettre, dont une à l'état d'eau-forte.

350 — Suite complète de cinq gravures in-8, gravées par Delvaux, Dupréel, Ponce, Dambrun et Simonet, pour les *Géorgiques*. Superbes épreuves avant la lettre, avec marges.

MOREAU (d'après)

351 — Suite de quatre-vingt-douze gravures in-8, publiées par Renouard, pour illustrer le théâtre, l'histoire, les romans et contes de Voltaire. Très belles épreuves, tirées de format in-4.

352 — Soixante-quatorze gravures in-8 pour les œuvres de Voltaire, publiées par Renouard, superbes épreuves avant la lettre, grandes marges.

353 — Suite complète de quarante-quatre gravures in-8, pour le théâtre de Voltaire, édition Renouard. Très belles épreuves.

354 — Soixante gravures in-8 pour *la Pucelle*, édition Renouard. Très belles épreuves.

355 — Dix gravures et un portrait pour *la Henriade* de Voltaire, édition Renouard. Trois exemplaires.

356 — Six gravures in-8, pour les contes en vers de Voltaire. Édition Renouard. Belles épreuves.

357 — Vignettes et portraits pour les œuvres de Voltaire, publiées par Renouard. Cent cinquante et une pièces. Belles épreuves.

358 — Suite de vingt-sept vignettes in-8, pour les romans et contes de Voltaire. Édition Renouard. Très belles épreuves.

359 — Cent une vignettes in-8, pour *la Henriade* de Voltaire. Édition Renouard. Belles épreuves.

360 — Vignettes in-8, publiées par Renouard, pour le théâtre de Voltaire. Deux cent soixante-neuf pièces, formant plusieurs suites.

361 — Vignettes in-8, publiées par Renouard, pour illustrer les romans, les contes et l'histoire de Voltaire. Deux cent quarante pièces formant plusieurs suites.

362 — Vingt-sept vignettes in-8 et in-18, pour *Télémaque*, Crébillon, Gresset, Boileau, etc. Très belles épreuves, dont vingt avant la lettre.

MOREAU (d'après)

363 — Un volume in-4, renfermant soixante-trois vignettes in-8 et in-4, fleurons et titres pour Imbert; les *Annales de Marie Thérèse*, Rousseau, Regnard, etc.

364 — Le Gâteau des rois. Belle épreuve.

365 — *Voltaire*, d'après le buste d'Houdon, gravé par Tardieu. Cinq épreuves à toutes marges.

MOREAU ET EISEN

366 — Vignettes in-8, pour *la Pucelle* de Voltaire, La Fontaine, etc. Trois pièces avant la lettre, dont deux à l'état d'eau-forte.

MOREAU, EISEN, GRAVELOT ET MONNET

367 — Seize pièces in-8, gravées par de Launay, Née, de Longueil, Leveau, Ponce et autres pour illustrations des *Métamorphoses d'Ovide*, traduction de l'abbé Bannier. Très belles et rares épreuves avant la lettre, remontées de format in-4.

MOREAU, LEBARBIER ET REGNAULT (d'après)

368 — Vingt-deux gravures in-18, pour les œuvres de Rousseau, *le Temple de Gnide* et *Arsace et Isménie*. Très belles épreuves.

MOREAU ET DUPRÉEL

369 — Cinquante-cinq gravures in-8, un portrait de J.-J.-Rousseau et un de Mme de Warens, pour les œuvres de Rousseau, in-8. Très belles épreuves, la plupart avant la lettre, avec grandes marges.

MOREAU ET LEBOUTEUX

370 — Vignettes in-8, pour les chansons de Laborde. Quarante-quatre pièces.

371 — Défets de Musique, pour les chansons de Laborde.

MOREAU ET MONSIAU (d'après)

372 — Vignettes in-4, pour *la Henriade*, les œuvres de Rousseau, etc. Six pièces, dont cinq avant la lettre.

MORGHEN (R.)

373 — Portrait de femme, tenant un livre à la main, in-8. Belle épreuve avant la lettre, toutes marges, plus le portrait de *Raphael Morghen*, par Ant. Morghen. Deux pièces.

374 — *Dante Alighieri*, d'après Toffanelli; — *Fortunata Sulgher*, d'après Kauffman. Deux portraits in-8, le premier est lettres grises.

MORIN (JEAN)

375 — *Arnauld-d'Andilly* (Robert), d'après Champaigne. (R. D., 42) Belle épreuve, remargée.

376 — *Vitré* (Antoine), d'après Champagne, — *Thou* (J. Aug. de), d'après Ferdinand. Deux portraits in-fol. Belles épreuves.

MORTAIN (Chez)

377 — Almanach de rébus et de figures parlantes, pour récréer l'esprit des curieux pendant le cours de l'année 1716. Pièce très curieuse avec légende en bas.

NANTEUIL (R.)

378 — *Le Tellier* (Charles Maurice), archevêque de Reims. (R. D. 138) Belle épreuve, remargée.

379 — Le même personnage (R. D. 139). Deux épreuves, des troisième et quatrième états, remargées.

380 — Le même personnage. (R. D. 140) Belle épreuve.

381 — *Loret* (Jean), poète (R. D. 150). — *Maisons* (René de Longueil, marquis de) (R. D. 166). Deux pièces. Belles épreuves.

382 — *Mazarin* (Jules), cardinal, ministre d'État (R. D. 178). Belle épreuve, remargée.

NANTEUIL (R.)

383 — Le même personnage (R. D. 17). Très belle épreuve, remargée.

384 — Le même personnage (R. D. 18). Belle épreuve, remargée.

385 — Le même personnage (R. D. 184). Belle épreuve du premier état, remargée.

386 — Le même personnage (R. D. 186), d'après Mignard. Très belle épreuve, remargée.

387 — Le même personnage (R. D. 186). Très belle épreuve.

388 — Le même personnage (R. D. 187), d'après Mignard. Très belle épreuve du premier état.

389 — *Seguier de Saint-Brisson* (Pierre), prévôt de Paris (R. D. 224). Belle épreuve, remargée.

NÉE

390 — Chambre à coucher de Voltaire, à Fernex, d'après Duché. Epreuve avant la lettre.

NÉE et MASQUELIER

391 — Les Garants de la félicité publique, d'après Saint-Quentin. Belle épreuve.

NEUVILLE (De) et CASTELLI (d'après)

392 — Suite de vingt gravures in-8, pour les *Misérables*, de Victor Hugo. Belles épreuves sur chine.

NEVIANCE (V.)

393 — Marie-Antoinette, petit portrait in-8. Belle épreuve.

NORMAND (Fils)

394 — Vignettes in-8, gravées au trait, d'après divers peintres anglais. Dix pièces.

ODIEUVRE et AUTRES

395 — Portraits de rois, empereurs, princes et hommes célèbres. Cent quarante pièces. Belles épreuves.

OUDRY (d'après J.-B.)

396 — La Chienne braque avec toute sa famille, — Le Serrail du Doguin. Deux pièces faisant pendants, gravées par Daullé. Très belles épreuvee, marges,

PARELLE (d'après)

397 — A quelque chose malheur est bon, à la sanguine, par Françoise Bonnet. Belle épreuve.

PASSE (CRISPIN DE)

398 — La Parabole du mauvais riche et Lazare. Suite de dix pièces de forme ronde. ~~Trois~~ belles épreuves.

399 — Les Mois de l'année. Onze pièces de forme ronde, d'après M. de Vos. Très belles épreuves.

PATAS

400 — Costumes de Louis XVI et des personnages assistant à son sacre. Trente-neuf pièces. Très belles épreuves, la la plus grande partie avant la bordure.

PATERRE (d'après)

401 — Le Glouton, par Fillaul. Très belle épreuve avec l'adresse de De Larmessin, marge.

PERCIER

402 — Douze gravures in-8, en travers, pour l'édition in-folio des tables de Lafontaine, de Didot. Très belles épreuves avant la lettre.

PHILIPS (J.-C.)

403 — Suite de huit figures in-8, pour le *Roman comique* de Scarron. Très belles épreuves remontées.

PICART (B.)

404 — Suite de six gravures in-4, pour le *Lutrin* de Boileau, Très belles épreuves, marges.

405 — Suite de vingt-quatre gravures in-8, pour l'*Iliade* d'Homère. Edition de Mme Dacier, 1731, Très belles épreuves, remontées.

PILLEMENT ET H. GÉRARD

406 — Piège tendu par l'Amour, d'après Collet, — Lecture dans un parc, d'après Mlle Gerard. Deux pièces.

PORTRAITS

407 — Mme de *Sévigné*, — *Mazarin*, — G. de *Nassau*, — Achille de *Harlay*, — J. B. *Santeuil*, — *Erasme*, — *Fénelon*, — Pierre *Séguier*, — le prince de *Condé*, etc. Douze portraits, par Schmidt, Montcornet, Lenfant, Rousselet, Habert et autres.

408 — Sous ce numéro, il sera vendu par lots huit portefeuilles de portraits pouvant servir pour illustration.

PRUD'HON (d'après)

409 — Abrocome E. Anzia, — Aminta, — Le Triomphe de l'Empereur. Trois pièces gravées par Roger. Belles épreuves.

PRY (PAUL)

410 — Parish characters in ten plates. Suite de dix pièces en couleurs. Très belles épreuves, marges.

QUEVERDO (d'après)

411 — Bonaparte, général en chef de l'armée d'Italie, et Charles-Louis, archiduc d'Autriche, représentés debout, dans un médaillon de forme ronde, gravé par Benoît. Très belle épreuve.

412 — Henri IV et Gabrielle d'Estrées, par Dembrun. Belle épreuve.

413 — *Voltaire* (F. M. Arouet de), — *Florian* (J. B. de). Deux portraits in-4, faisant pendants, gravés par Massol. Très belles épreuves. Le portrait de Florian est avant les noms d'artistes et a toute sa marge.

QUEVERDO, MONNET, MARILLIER (d'après)

414 — Trente gravures in-8, par divers graveurs, pour les Œuvres de Florian. Très belles épreuves avant la lettre.

RAFFET (d'après)

415 — Suite de vignettes pour l'*Histoire de Napoléon*, par Norvins. Treize pièces.

416 — Musée de la Révolution, chronologie de 1789 à 1799, orné de quarante-cinq gravures sur acier, et de quatorze vignettes sur bois, avec texte. Belles épreuves sur chine.

417 — Suite de cinquante-quatre vignettes et portraits in-8, publiés par Furne, pour l'*Histoire de la Révolution* de M. Thiers. Très belles épreuves sur chine.

418 — La même suite. Très belles épreuves sur blanc.

419 — Cinquante-trois pièces de la même suite.

420 — Figures in-4, pour l'*Histoire de la Révolution* Vingt pièces. Très belles épreuves.

RAFFET et SCHEFER

421 — Suite de vingt-quatre vignettes in-8, pour l'*Histoire de la Révolution*. Très belles épreuves sur chine.

422 — La même suite. Très belles épreuves.

423 — Defets pour *le Consulat et l'Empire*, d'après Girardet, Sandoz, etc. Quatre-vingts pièces.

424 — Suite de vingt-quatre gravures in-8, pour l'*Histoire de la Révolution*, publiée par Furne. Sept exemplaires, dont trois sur chine.

RAFFET et AUTRES

425 — Vignettes, portraits et cartes pour l'*Histoire de Napoléon*. Quarante pièces.

426 — Cinquante-six vignettes, portraits et cartes pour l'*Histoire de Napoléon*. Belles épreuves, ancien tirage.

RAMBERG (d'après)

427 — Trois petits bustes de femmes sur une même feuille, en forme d'éventail, gravés en couleur, par Scott. Belle épreuve. Rare.

ROMANET (A.)

428 — *Vence de Saint Vincent* (Dame Julie de Villeneuve), petite fille de M^mo de Sévigné, in-4. Très belle épreuve.

RAOUX (d'après)

429 — Les Quatre Ages de la vie. Suite de quatre pièces gravées par Moyreau. Très belles épreuves, toutes marges.

RAVENET

430 — Boileau-Despreaux, d'après Rigaud, in-4. Belle épreuve avant la lettre.

REGNAULT (N.-F.)

431 — Dors, Dors... — Ah ! s'il s'éveillait. Deux pièces faisant pendants, imprimées en bistre. Très belles épreuves, grandes marges.

REYNOLDS (d'après)

432 — Cumberland (le duc de), par Fisher, in-fol. Belle épreuve, marge.

SAVART (P.)

433 — *Bossuet* et *Boileau*. — Deux portraits in-8, d'après Rigaud. Très belles épreuves.

SAINT-AUBIN (Aug. de)

434 — Suite de vingt portraits de littérateurs, d'hommes et femmes célèbres, publiés par Renouard. Très belles épreuves, toutes marges.

SAINT-AUBIN (d'après Aug. de)

435 — L'Heureux ménage, — L'Heureuse mère, — La Tendresse maternelle, — La Sollicitude maternelle. Suite de quatre pièces en couleur, par Sergent, Phelipeaux, Moret et Gautier. Très belles épreuves.

SCHEFFER et JOHANNOT

436 — Suits d'estampes pour l'*Histoire de la Révolution*, publiée par Furne. Soixante-trois pièces en un volume in-4, cartonné. Très belles épreuves sur chine.

SCHENKER

437 — Fanchon la vielleuse, d'après De la Place, en couleur. Belle épreuve.

438 — La même estampe. Belle épreuve, en noir.

SCHMIDT (G.-F.)

439 — *Rousseau* (J. B.), d'après Aved, in-fol. Belle épreuve.

SCHUTZ (C.)

440 — Le Château de Belvedère, vers le jardin ; sur le devant, on voit Marie-Antoinette à la promenade, avec personnages de la cour, en couleur.

441 — Vue du château de plaisance et jardin impérial de Schœnbrun, du côté du grand chemin, — Vue de la capitale de Vienne, prise du côté du Joseph Stadt, — Vue prise du glacis vers la rue dite l'Alstergasse. — Vue prise du glacis vers l'église de Saint-Charles, — Vue du Schauzel, près du Danube. Cinq pièces en couleur. Belles épreuves.

SERGENT (A.)

442 — The Magnetism (le Baquet de Mesmer), en couleur. Très belle épreuve, remargée.

SICARDI (d'après)

443 — Come a Trovate ? — Oh ! che Gusto. Deux pièces en couleurs faisant pendants, gravées par Copia. Très belles épreuves, marge.

444 — Oh ! che boccone ! par Burke. Très belle épreuve.

SICHEM (Chris. van)

445 — Ravaillac en pied ; dans le haut de la droite, les portraits de Henri IV, Marie de Médicis et Louis XIII. Belle épreuve, marge.

SMIRKE (d'après)

446 — Suite complète de vingt-quatre gravures in-8, pour *Gil-Blas*. Édition en 4 vol. in-4, publiés en 1809. Très belles épreuves, toutes marges.

SMIRKE (d'après)

447 — Suite de quarante-huit pièces et un portrait in-8, pour illustration des œuvres de Shakspeare. Superbes épreuves sur chine, tirées de format in-fol. Huit pièces sont doubles. En tout cinquante-sept pièces.

448 — Trois gravures in-8, pour *Don Quichotte*. Superbes épreuves avant la lettre, sur chine.

STANFIELD ET AUTRES

449 — Finden's Landscape illustrations to M. Murray's first complete and uniform edition of the Life and Works of lord Byron. London, 1832. Vingt-quatre livraisons in-8.

STEINHEIL ET BAYALOS

450 — Suite de six gravures in-8, pour Victor Hugo. Très belles épreuves, sur chine.

STOTHARD (d'après)

451 — Suite de vingt figures in-8 et deux fleurons de titres, gravées par Heath, pour *Robinson Crusoé*. Superbes épreuves avant la lettre, sur chine, de format in-fol., dans le portefeuille de publication.

TARDIEU (J.)

452 — *Oudry* (Jean-Baptiste), peintre du roi, d'après N. de Largillière. In-fol. Très belle épreuve.

THOMASSIN (S.)

453 — Corneille (Thomas). In-fol. Belle épreuve, remargée.

TILLARD (J.-B.)

454 — *Louis XIV*, en médaillon, qu'Apollon attache sur une colonne, d'après Lavallée-Poussin. In-4. Belle épreuve, marge.

TRAVIÈS (Ed.)

455 — Cent quatre pièces coloriées, pour l'*Histoire naturelle* de Buffon.

VANLOO (d'après C.)

456 — Mlle Vanloo, par F. Basan. In-fol. Belle épreuve.

VANLOO ET PIERRE (d'après)

457 — Les Baigneuses, — Sacrifice au dieu Pan. Deux pièces faisant pendants, gravées par Lempereur. Belles épreuves, grandes marges.

VÉRITÉ

458 — *Marat* (J.-P.), l'ami du peuple. In-fol. Belle épreuve, marge.

VERNET ET LAMI (d'après)

459 — Suite de douze gravures in-8, pour *Don Quichotte*, édition de Méquignon-Marvis, 1822. Superbes épreuves sur chine, avant la lettre, tirées de format in-fol.

460 — Suite de douze vignettes in-8, pour *Don Quichotte*. Très belles épreuves avant la lettre.

VERNET, DELAROCHE, JOHANNOT, DAVID, RAFFET

461 — Suite de quatre-vingt dix gravures in-8. Portraits, vues, sujets, pour les œuvres de Chateaubriand, publiées par Pourrat, 1837. Très belles épreuves. En livraisons.

462 — Quarante-quatre pièces de la même suite, en 1 vol. in-4. Cartonné.

VICTOIRE (d'après E.)

463 — Quel est le plus heureux ? — Le pauvre Jeune homme. Deux pièces gravées par Mme Lefèvre. Très belles épreuves, marges.

VLEUGHELS (d'après)

464 — Frère Luce, par de Larmessin. Belle épreuve avant l'adresse de Buldet.

WATTEAU (d'après)

465 — La Mariée de village, par C.-N. Cochin. Belle épreuve.

466 — *Voulez-vous triompher des belles*, par Thomassin. Superbe épreuve, grande marge.

WESTALL (d'après)

467 — Suite complète de vingt-quatre gravures in-18, gravées par Heath, pour *Don Quichotte*. Superbes épreuves avant la lettre, sur chine, tirées de format in-4.

468 — Huit vignettes in-12, pour *Élisabeth*, de Mme Cottin. Belles épreuves.

469 — Suite de cinq vignettes, gravées par Heath, pour *Paul et Virginie*. Belles épreuves.

470 — Sous ce numéro, il sera vendu par lots un grand nombre d'estampes anciennes et modernes, portraits, vignettes, etc.

LIVRES

471 — *Alken*. Sketch-Book of Henry Alken, engraved by himself. Un vol. in-4, cart.

472 — *Alphand*. Les Promenades de Paris, histoire. Description des embellissements, dépenses de création et d'entretien des bois de Boulogne et de Vincennes, par A. Alphand. Paris, J. Rothschild, 1867-1873. Un vol. in-fol. de texte et un vol. in-fol. de planches. Demi-rel. mar. rouge, dos et coins.

473 — *Baugean*. Collection de toutes les espèces de bâtimens de guerre et de bâtimens marchands qui naviguent sur l'Océan et dans la Méditerranée, dessinée d'après nature et gravée par Baugean, 1812. Suite de soixante-douze planches, en livraisons.

474 — *Boilly* (L.). Recueil de groupes de têtes de différents caractères. Soixante-seize pièces en couleurs, en un vol. in-4, cartonné.

475 — *De Bruyn*. Habits de diverses nations de l'Europe, Asie, Afrique et Amérique. Un vol. in-fol. oblong cart., contenant cinquante-sept planches et les titres.

476 — *Camerario*. Symbolorum emblematum ex re herbaria desumtorum centuria una collecta à Joachimo Camerario medico Noremberg. Anº Salvt CIƆ.IƆ.XƆ. Deux parties en un vol. in-8, veau.

477 — *Carrache*. Le Arti di Bologna disegnate da Annibale Carracci ed intagliate da Simone Giulini. Roma 1776. Un vol. in-fol. cartonné, fig. gravées à l'eau-forte.

478 — *Catalogue*. Collection de M. John W. Wilson, exposée dans la galerie du cercle artistique et littéraire de Bruxelles. Paris, imprimerie de J. Claye, 1873. Un vol. grand in-4, demi-rel. mar. rouge, fig. gravées à l'eau-forte.

479 — *Cervantès*. Les principales Aventures de l'admirable Don Quichotte, représentées en figures par Coypel, Picart le Romain, et autres maîtres : avec les explications des trente et une planches de cette magnifique collection, tirées de l'original espagnol de Miguel de Cervantès, A La Haye, 1746. Un vol. in-4 veau, fig. avant les numéros. Manque les planches 15 et 22.

480 — *Chants* et chansons populaires de la France. Cinquante et une livraisons.

481 — *Cochin*. Collection de vignettes, fleurons et culs-de-lampe : ou Suite chronologique de faits relatifs à l'histoire de France, composés par M. Cochinet gravés en partie par lui-même en quarante planches. Paris, 1767. Un vol. in-4 cart.

482 — *Costume* of the Russian empire, illustrated by upwards of seventy richly coloured engravings dedicated, by permission, to her royal highness the princesse Élisabeth. London, 1810. Un vol. in-fol., demi-rel. veau., fig. en couleurs.

483 — *The Costume* of the Russian empire, illustrated by a series of seventy three engravings. With descriptions in

english and french. London, 1804. Un vol. in-fol., mar. rouge, fig. en couleurs.

484 — *The Costume* of China, illustrated by sixty engravings. With explanations in english and french, by George Henry Mason, Esquire. London, 1804. Un vol. in-fol., mar. rouge, fig. coloriées.

485 — The Military costume of Turkey, illustrated by a series of engravings, from drawings made on the spot. London, 1818. Un vol. in-fol, mar. rouge, fig. en couleurs.

486 — The Punishments of China, illustrated by twenty two engravings, with explications in english and french. London, 1804. Un vol. in-fol , mar. rouge, fig. coloriées.

487 — The Costume of the hereditary states of the house of Austria, displayed in fifty coloured engravings, with descriptions, and an introduction, par M. Bertrand de Moleville. London, 1804. Un vol. in-fol., mar. rouge, fig. en couleurs.

488 — A représentation of the manners, customs and amusements of the Russians, in one hundred coloured plates, With an accurate explanation of each plate in english and french... by John Augustus Atkinson, and James Walker. London, 1803. Trois vol. in-fol. demi-rel., fig. en couleurs.

489 — *Couché* (J.). Galerie du Palais royal, gravée d'après les tableaux des différentes Écoles qui la composent... Paris, 1786. Un vol. in-fol., cartonné.

490 — Vingt-six premières livraisons du même ouvrage.

491 — *Coypel* (d'après Ch). Suite de trente et une gravures in-4, gravées par Bernard Picart et Schley, pour illustration de *Don Quichotte*. Très belles épreuves avant les numéros. Un vol. in-4 oblong, cart.

492 — *Decamps*. Album lyrique composé de douze romances, chansonnettes et nocturnes, orné de douze lithographies. Mis en musique et dédié à Mme Cinti-Damoreau... Un vol. in-8 cartonné.

493 — *Déjabin*. Collection de portraits des députés à l'Assemblée nationale, 1789. Deux vol. in-4 renfermant trois cent soixante-trois pièces. La plupart des portraits contenus dans le premier volume sont du premier état avant l'adresse de Déjabin.

494 — *Delange*. Reproductions en couleurs, d'après les faïences dites de Henri II et Diane de Poitiers, et d'après Bernard Palissy. Cinquante-sept pièces avec une partie du texte.

495 — *Duplessis-Bertaux*. Collection complète des tableaux historiques de la Révolution française, en trois volumes. A Paris, chez Auber... An XIII de la République française, 1804. Trois vol. in-fol., demi-rel., mar. rouge.

496 — *Grandville et H. Monnier*. Les Métamorphoses du jour, soixante-douze planches. — Mœurs administratives, six planches. — Parades, douze planches. En tout quatre-vingt-dix planches coloriées dans un vol. in-fol, oblong, cartonné.

497 — *Histoire* du vieux et du nouveau Testament, enrichie de plus de quatre cents figures en taille-douce, etc., avec privilège de nos seigneurs les états de Hollande et de West, frise. A Amsterdam, chez Pierre Mortier, 1700. Deux vol. in-fol., mar. rouge.

498 — *Hollar*. Recueil de costumes de femmes de différents pays. Vingt et une pièces en un volume in-fol., cartonné.

499 — *Kuyper* (d'après). Costumes des Pays-Bas, suite de vingt pièces in-8 en couleur, gravées par Portman.

500 — *La Fontaine*. Fables choisies, mises en vers par J. de La Fontaine. Paris, Desaint et Saillant, 1755. Quatre vol. in-fol. veau, fig. d'après Oudry. Exemplaire incomplet.

501 — *Leclerc* (Sébastien). Recueil de trois cent-huit pièces choisies de l'Œuvre de Sébastien Leclerc, en un vol. in-fol., veau, aux armes de la ville de Paris.

502 — *Legeay*. Rovine inventiones di Giovan-Loren Legeay. Architett intagliate da lui. Stesso in Luce, 1768. Vingt-quatre pièces et un titre, en un vol. in-4, broché.

503 — *Lièvre*. Collection Sauvageot, dessinée et gravée à l'eau-forte, par Édouard Lièvre, accompagnée d'un texte historique et descriptif, par A. Sauzay. Paris, Noblet et Baudry, 1863. Deux vol. in-fol., demi-rel., mar. rouge, dos et coins.

504 — *Logan* (J.). The clans of the scottish Highlands, illustrated by appropriate figures, displaying their Dress, tartans, arms, Armorial insignia, and social occupations, from original sketches, by Robert Ronald. Mᶜ. Ian. With accompanying description and historical memoranda of character, mode of life, etc., etc., by James Logan. London, 1857. Deux vol. grand in-4, mar. vert, fig. coloriées. B.

505 — *Marot*. Recueil d'Architecture et vues de monuments. Un vol. in-fol. oblong, contenant cent quatorze pièces.

506 — *Molière*. OEuvre de Molière, nouvelle édition. A Paris, 1734, avec privilège du Roy. Six vol. grand in-4, veau. Figures d'après Boucher, gravées par Laurent Cars.

507 — *Moyreau*. OEuvres de Ph. Wouwermans hollandais, gravées d'après ses meilleurs tableaux, qui sont dans les plus beaux cabinets de Paris et ailleurs. Cinquante-six pièces gravées par Moyreau, Cochin et Le Bas, et quarante et une pièces; d'après Teniers, Berghem, Van Falens, Perelle, Poussin, etc., par Le Bas et autre, en un vol. in-fol. oblong, v.

508 — *Ozanne*. Nouvelles Vues perspectives des ports de France. Cette collection offre soixante vues, qui représentent quarante-quatre des principaux ports du royaume, dessinées pour le roi, par M. Ozanne, gravées par Le Gouaz. Un vol. in-fol. en feuilles.

509 — *Ozanne*. Marine militaire ou recueil des différents vaisseaux qui servent à la guerre, suivis des manœuvres qui ont le plus de rapport au combat..., par Ozanne l'aîné. Un vol. in-4, broché.

510 — *Péquégnot*. Ornements, vases et décorations, d'après les maîtres. Un vol. in-4, cartonné.

511 — *Pluvinel.* L'Instruction du roy en l'exercice de monter à cheval, par Messire Autoine de Pluvinel, 1628. Un vol. in-fol., v., fig. gravées par M. Merian.

512 — *Raphael.* Imagines veteris ac novi testamenti a Raphaele sanctio urbinate in vaticane Palatii xystes mira picturæ elegantia expressæ. Un vol. in-fol. oblong, v., avec armoiries. Figures gravées par Aquila et autres, le titre contient une dédicace et le portrait de la reine Christine de Suède.

513 — *Recueil* de Fleurons, par Bernard Picart, et vignettes, d'après Moreau, pour les œuvres de Boileau. Soixante-neuf pièces en un vol. in-fol.. cartonné.

514 — *Recueil* de Caricatures en couleurs, sur Napoléon. Soixante-treize pièces.

515 — *Recueil* de Vases et ornements, par Riedel, Percenet, Cauvet, Hertel, etc. Quarante-deux pièces, en un vol. in-fol., broché,

516 — *Recueil* d'Ornements, par de Lacour, Mondon, La Joue, etc. Vingt-huit pièces en un vol. in-4, cartonné.

517 — *Recueil* d'Ornements, par Lock. Vingt-sept pièces en un vol. in-4., cartonné.

518 — *Recueil* d'Ornements, par Pariset, Mondon, La Joue. Vingt-deux pièces dans un vol. in-4, cartonné.

519 — *Recueil* d'Ornements, carnet d'échantillon d'un maître serrurier. Un vol. in-8 oblong, cartonné.

520 — *Recueil* des Cartes générales et particulières des élections et greniers à sel de la généralité de Paris, fait par proximité de paroisses écrites et figurée chacune de couleurs, comme elles se voyent écrites aux tables de renvoy de chacune carte, le tout levé et désigné sur les lieux pour le roy Louis XIIII. Dessins au lavis d'encre de Chine et d'aquarelle, en un vol. in-fol., mar. rouge, aux armes du roi.

521 — *Recueil* de trente-quatre plans de Paris et des principales villes de France et d'Europe. Un vol. in-fol., cartonné.

322. — *Recueil* de Planches tirées du musée Laurent, — Les Prophètes, d'après Michel-Ange, gravés par Volpato, etc. Vingt-cinq pièces en un vol. in-fol., cartonné.

523. —*Recueil* de Vues de Londres, et une suite de dix-neuf pièces en couleur, — Les Cris de Londres. Un vol. in-4, mar. rouge.

524. — *Représentation* des Fêtes données par la ville de Strasbourg pour la convalescence du roi, à l'arrivée et pendant le séjour de Sa Majesté en cette ville, inventé, dessiné et dirigé par J.-M. Weiss. Un vol. in-fol., cartonné.

525. — *Restif de la Bretonne.* Monument du Costume physique et moral de la fin du dix-huitième siècle, ou tableaux de la vie, ornés de figures, dessinées et gravées par M. Moreau le jeune, dessinateur du cabinet de S. M. T. C., et par d'autres artistes. A Neuwied, sur le Rhin..., 1789. Un vol. in-fol., cartonné. Bel exemplaire.

526. — *Rowlandson.* Loyal volunters of London and environs, infantry and cavalry, in their respective uniforms representing the whole of the manual, platoon, and funeral exercice, in 87 plates, designed et Etched by T. Rowlanson and dedicated by permission to his royal Highness the Duke of Glocester. In-fol., en portefeuille. Manque le numéro 80.

527. — *Rowlandson et Pugin.* The microcosm of London, this work already honoured by his approbation, is most humbly dedicated by permission to his royal highness, the prince of Wales, by his grateful, and obediant servant, R. Ackermann. Trois vol. grand in-4, veau, fig. en couleurs. Rare.

528. — *Schynvoets.* Recueil de Vases, pyramides, etc., pour décorations de jardins. Un vol. in-fol., cartonné.

529. — *Lesueur.* Les Peintures de Charles Lebrun et d'Eustache Lesueur qui sont dans l'hôtel du Chastelet, cy devant la maison du président Lambert, dessinées par Bernard Picart et gravées tant par lui que par différents graveurs. A Paris, chez Duchange..., 1740. Un vol. in-fol., demi-

rel., veau, contenant trente-deux planches, titres et
texte.

530 — *Lesueur*. Galerie de Saint Bruno, peinte par Lesueur et
gravée par divers artistes. Un vol. in-4, cartonné.

531 — *Lesueur* (d'après). Sa vie et ses œuvres. Texte par M. L.
Vitet, et seize planches.

532 — *Tableaux historiques des journées de la Révolution française*, dessinés et gravés par Vinkeles, d'après ses dessins et ceux de Duplessis-Bertaux, Monnet, Benazech et
autres... En un vol. in-fol., demi-rel. avec coins, mar.
rouge, tr. supé. dor., non rogné. Raparlier.

Superbe Recueil de pièces gravées, en regard desquelles
on a placé les dessins originaux au lavis, exécutés par Vinkeles, d'après les figures de l'édition française, et gravées
de nouveau par lui pour une contrefaçon belge. Ces dessins
sont exécutés avec une grande perfection. Les dessins, au
nombre de soixante-quatre, et les gravures sont très ha-
bilement remontées dans le format in-fol.

533 — *Le Théâtre* des Peintures, de David Teniers, natif d'Anvers, peintre et ayde de chambre des sérénissimes princes Léopolde Guil., archiduc, et Don Jean d'Autriche,
auquel sont représentez les desseins tracés de sa main, et
gravés en cuivre par ses soins....., dédié audit prince sé-
rénissime Léopolde Gull., archiduc, etc. A Bruxelles, aux
despens de l'auteur, anno 1660. Un vol. in-fol., veau.
Fig. avant les numéros. Très bel exemplaire.

534 — *A Tour* Through Paris, illustrated with Twenty-one
coloured plates, accompanied with descriptive Letter-
Press. Un vol. in-fol., cartonné. Fig. en couleurs.

535 — *Le Triumphe* d'Anvers, faict en la susception du prince
Philips, prince d'Espaigñ. Anno 1549. Un vol. petit in-
fol., incomplet.

536 — *Vanni*. Les Peintures du Carrège, au palais Guicciardini.
Un vol. in-fol., cartonné. Figures gravées à l'eau-forte.

Paris. — Typ. Pillet et Dumoulin, 5, rue des Grands-Augustins.

Mr Seran   1236.50
Mr Clement   6286.50
Mr Fontaine   11918.
                    ____
                     19441   ''

www.ingramcontent.com/pod-product-compliance
Ingram Content Group UK Ltd.
Pitfield, Milton Keynes, MK11 3LW, UK
UKHW022151070726
13613UKWH00003B/1478